Orbéline Rego

Tu es sourde ou quoi ?

© 2022 Orbéline Rego
Édition : BoD – Books on Demand, info@bod.fr
Impression : BoD – Books on Demand,
In de Tarpen 42, Norderstedt (Allemagne)
Impression à la demande
ISBN : 978-2-3224-4483-0
Dépôt légal : Août 2022
«Tous droits de traduction, d'adaptation et de reproduction interdits»

À mes enfants...

École
9

Découverte
23

Portugal
39

Collège / Lycée
59

Surdité profonde
71

Les relations humaines
75

Doute
93

Nouvelle vie
99

École

— Mélissa ? Mélissa ? Oh oh Mélissa ?

— Hum ?

— Tu vas cesser de rêver en classe ? dit le maître d'une voix très agacée.

— Oui monsieur... répondis-je d'une voix presque inaudible.

Il faut dire qu'il m'impressionnait ce maître, il était grand, avec des lunettes très épaisses et une moustache grisonnante. Il portait toujours un costume en velours. Et quand il s'énervait, il valait mieux se tenir à carreau.

C'était ma première année d'école élémentaire, tout le monde me disait que c'était l'école des grands, que je me ferais plein de nouveaux amis. Et j'étais vraiment contente.

C'était une jolie école, elle avait trois cours avec trois bâtiments qui abritaient différents niveaux de classes, des préaux, des cabinets de toilette et un grand gymnase. Mais ce qui m'a tout de suite plu, c'étaient les deux gros arbres qui ornaient la cour.

Pour rentrer en classe, on avait un emplacement sous le préau où on devait se ranger deux par deux le temps que le maître vienne nous chercher. Ensuite nous traversions un long couloir orné de dessins avec des baies vitrées. Arrivés au fond, on devait déposer notre manteau sur le porte-manteau qui était tout juste à notre taille. Ensuite, on devait se remettre deux par deux sur le côté et attendre le signal du maître.

Nous voilà dans cette classe bien différente de la maternelle, on avait des tables rangées par deux face à un énorme tableau vert et des cartes géographiques comme celle de la

France. Le bureau du maître trônait sur la droite, un bureau massif en bois. Il y avait peu de choses sur son bureau, une pile de feuilles, un gobelet avec quelques stylos et une énorme règle jaune.

C'était impressionnant, mais aussi très excitant, c'était donc ici que j'apprendrai à lire et à écrire.

Le maître nous a très vite fait comprendre que l'école des petits était terminée, qu'il frauda être sérieux et respecter les consignes.

La routine scolaire s'installait et le maître devenait de plus en plus autoritaire. Il n'hésitait pas à passer entre les rangs pour donner de grands coups de règle sur les tables des enfants qu'il estimait insolents.

— Bon, vous allez sortir votre cahier bleu, nous allons travailler sur le son [on] !

— À peine dis qu'il donna un grand coup de règle sur la table de Jérémy.
— Alors tu vas le sortir ce cahier oui ou non ?!
— Oui maître...

Il continua sa leçon en appelant au tableau des élèves pris au hasard.

— Aude ! Lis-moi ces trois syllabes !
— Ra, ro, ri
— Très bien tu peux aller te rasseoir.
— Mélissa ! Mélissa ?!

Voyant que je ne réagissais pas, il se leva de son bureau pour venir vers moi et me donner une énorme tape derrière ma tête. PAF !

— Mélissa, tu vas écouter à la fin ?! Tu n'es pas ici pour rêver ! Quand je t'appelle, tu réponds ! m'ordonna-t-il.
— Oui maître...

Et régulièrement, des coups de règles pleuvaient, des tapes sur la tête dès que je ne répondais pas. Une fois, j'avais tout faux à mon devoir, il s'est approché pour me tirer les oreilles. J'avais les oreilles en feu. C'est vrai que j'avais parfois de mauvaises notes, pourtant je faisais mon possible pour essayer de bien travailler. Mais je n'arrivais pas à comprendre les leçons du maître. Alors en classe je restais les bras croisés silencieusement et j'observais le coin de ma table. Je fixais mon regard sur chaque petit coin de la classe en attendant que l'heure passe.

Le matin, je disais a mes parents que je souffrais de violent mal de ventre ou encore que j'avais mal à la tête, je faisais tout pour rester à la maison. Et quand mon stratagème ne fonctionnait pas, j'allais à l'école avec la boule au ventre.

Je n'ai rien dit à personne, pour moi c'était normal. Je devais sûrement être une mauvaise élève comme disait le maître. Que je devais être nulle, oui ça devait être ça. J'étais nulle...

Forcément, on m'a fait redoubler le CP, j'avais acquis que très peu de compétence, je ne savais toujours pas lire ni écrire. Le maître, lui, a démissionné et il est parti en retraite. Plus tard, j'ai su que quelques parents d'élèves s'étaient plaints de lui, alors on lui a juste donné sa retraite anticipée.

Je me suis retrouvée avec une nouvelle maîtresse, elle était douce et bienveillante, avec elle j'ai pu faire quelques progrès. Mais toujours pas assez. On me considérait comme une petite fille rêveuse. On disait de moi que j'étais dans la lune. Et avec mes camarades, ce n'était pas ça non plus. J'étais souvent seule, aussi bien en classe que dans la cour de récréation.

Une fois, pendant un temps libre, chacun pouvait feuilleter un livre, j'étais dans la petite bibliothèque au fond de la classe. Ayant une envie pressante, je n'ai pas osé demander l'autorisation pour aller au cabinet, alors je me suis fait pipi dessus.

— Alors Mélissa ? Qu'est-ce que tu fais ? Tu ne peux pas me demander l'autorisation pour aller aux toilettes ?

Mes camarades ayant compris se mirent à rire.

— Désolée maîtresse...

— Bon, viens avec moi, je vais voir s'il y a des vêtements de rechange.

Et elle me donna une culotte et un vieux pantalon de garçon. À cet âge-là, c'était une véritable honte, mes camarades se sont bien sûr moqués de moi, et ça n'a pas arrangé mes liens sociaux avec eux.

On m'a fait passer au CE1, même si mes notes n'étaient guère meilleures que l'année précédente. J'ai eu une nouvelle maîtresse, elle aussi constata que j'étais souvent dans la lune. Mais cette maîtresse était différente des autres. Elle m'a prise sous son aile et essayait de comprendre pourquoi j'étais souvent sur un nuage, isolée dans un coin. Elle était souvent à côté de moi, et ne me laissait jamais seule en retrait des autres. Un jour alors que j'étais au fond de la classe, elle décida de m'appeler de son bureau.

— Mélissa ?

Pas de réponse, mais elle se rapprocha un peu.

— Mélissa ?

Toujours aucune réaction de ma part, alors elle fit encore quelques pas vers moi.

— Mélissa ?

— Oui Maîtresse ?

À partir de ce moment-là, beaucoup de choses allaient changer pour moi. La maîtresse avait compris quel était mon problème et elle décida de convoquer mes parents.

— Madame, bonjour. Je vous ai convoqués pour vous parler de votre fille. Mélissa en classe ne répond pas toujours quand on l'appelle, j'ai une réaction de sa part seulement quand je suis proche d'elle. Je pense que ça serait bien de faire vérifier son audition. Il est possible qu'elle entende mal.

Ma mère fut surprise, à la maison tout se passait bien. Je n'avais aucune différence avec mes frères et sœurs. J'étais la cadette et j'aimais beaucoup jouer avec l'un de mes frères sans aucune difficulté. Elle décida tout de même de prendre les propos de la maîtresse au sérieux. Ma mère prit dès le lendemain un rendez-vous avec un ORL.

Le soir même elle attendait mon père pour lui en parler. Il n'était pas souvent présent, il travaillait dur mais s'intéressait de près à la santé de ces enfants.

— Alors se rendez vous avec la maîtresse de Mélissa ? Ça c'est bien passé ?
— La maîtresse pense que Mélissa a des soucis pour entendre, répondit ma mère tout en préparant le repas du soir.
— Ah oui ?

Il se mit à froncer les sourcils et réfléchit.

— Elle a aussi dit que Mélissa s'isolait dans un coin, elle ne joue pas, elle n'a pas de copines non plus. Elle participe peu à la vie de la classe, renchérit ma mère.

— Ah c'est étonnant, à la maison ça se passe bien. Elle discute et nous entend bien, s'interrogea mon père.

— Je pense que c'est parce que nous avons une voix assez forte. À l'école, ça doit être plus difficile pour écouter.

— Mais pourquoi elle s'isole ? Ici, on l'entend bien. Toujours à faire les zouaves avec son frère, ricana-t-il. Mélissa ? Mélissa, viens voir papa !

Oh, je n'étais pas très loin, j'étais juste derrière, pour observer la réaction de mon père.

— Oui papa ?

— Alors, il se passe quoi à l'école ?

— Je ne sais pas, pourtant je suis sage en classe.

— Tu as du mal à entendre la maîtresse ?

— Quand je suis au fond, oui, et quand il y a du bruit, je ne comprends pas toujours.

— Mais comment tu fais pour suivre les consignes ?

— J'observe les autres élèves, s'ils se lèvent, alors je me lève. Pour les devoirs, je lève la main, et la maîtresse vient m'expliquer.

— Et pourquoi tu n'as pas de copines ?

— Je ne sais pas, personne ne veut jouer avec moi... Ils disent que je suis bête, et quand je m'approche, elles partent toutes ailleurs. Quand on doit faire des équipes, je suis toujours la dernière et personne ne souhaite me choisir.

— Alors c'est pour ça que tu restes seule ?

— Ce n'est pas grave, j'aime bien être seule aussi, au moins personne ne m'embête...

— Oh, ma pauvre chérie !

Il me prit dans ses bras et me serra très fort.

Découverte

Un peu angoissés, nous sommes allés au rendez-vous, je n'étais pas rassurée. Petite, j'ai eu de nombreux rendez-vous médicaux et j'en ai gardé de mauvais souvenirs. Lors de la première année après ma naissance, j'ai fait six otites. Chaque fois, le traitement donné par les médecins ne me soulageait pas. J'ai grandi au rythme des otites et des allers-retours chez le médecin. Ils prescrivaient des gouttes qui ne servaient à rien. Malgré l'inefficacité aucun d'eux n'a cherché à savoir pourquoi je faisais des otites chroniques ni n'a orienté ma mère vers un O.R.L. J'enchaînais la douleur et la souffrance, à tel point que je passais des nuits blanches à me frapper pour ressentir une autre douleur. Ma mère, désespérée, ne savait plus quoi faire pour me soulager. Seules quelques gouttes d'huile d'olive m'apaisaient quelques instants. C'est seulement vers quatre ans que les otites se sont raréfiées.

Alors, quand j'ai vu ce grand monsieur avec sa blouse blanche sortir de son cabinet, j'ai imaginé le pire.

— Bonjour Mélissa, je suis le docteur Kreen, je suis un spécialiste oto-rhino-laryngologie. C'est-à-dire que je m'occupe des oreilles, de la gorge et du nez. m'explique-t-il d'un ton fort, mais chaleureux.

Il posait tout un tas de questions et notait tout. J'avais du mal à comprendre ce qu'il se disait. Puis il s'adressa à moi.

— Est-ce que tu peux venir t'asseoir sur ce siège, je vais t'ausculter.

Il alluma une grande lampe et sortit des petits outils, il regarda ma gorge et mes oreilles.

— Tout va bien au niveau du tampon, mais Mélissa a de gros bouchons de cire, je vais les lui retirer.

Il prit une coupole qu'il me plaça sous l'oreille et avec un mini tuyau. Il m'injecta de l'eau pour faire tomber le bouchon. C'était vraiment une sensation bizarre.

— Voilà qui est fait ! Tu dois te sentir déjà un peu mieux ? C'était vraiment de très gros bouchons.

— Oui

— Très bien ! Maintenant je vais vous donner une ordonnance pour effectuer un audiogramme.

Il donna le papier à ma mère puis s'adressa à moi avec un grand sourire.

— Au revoir Mélissa, à la prochaine.

Je me sentais déjà un peu mieux, il était vraiment gentil ce docteur.

Sans perde de temps, ma mère a pris très rapidement le rendez-vous avec l'audioprothésiste pour effectuer le bilan.

Ce rendez-vous n'était pas rassurant non plus. Quand ce fut notre tour, l'audioprothésiste nous fit rentrer dans une pièce dotée de gros piquants en mousse gris, il y en avait partout, sur tous les murs jusqu'au plafond. Il n'y avait aucune fenêtre. Seul un bureau trônait au milieu de la pièce et une petite cabine sur la droite. Ma mère m'expliqua que c'était une pièce insonorisée.

Après avoir posé quelques questions à ma mère, il me fit rentrer dans cette petite cabine en bois avec une fenêtre qui donnait sur la pièce aux piquants. Il m'installa sur la chaise, et m'expliqua comment ça allait se passer.

— Alors voilà Mélissa, je vais te mettre un casque sur les oreilles, tu vas entendre un son dans l'une de tes oreilles. Il faudra que tu appuies sur ce bouton quand tu entendras le son. Si tu n'entends rien, tu n'appuies pas.

— D'accord.

— Très bien, on va commencer par l'oreille droite.

Il me mit le casque et s'installa aux commandes d'un ordinateur. Très vite, j'ai entendu des sons étranges, BIP, BIP, BIIP, BIIIP. Des sons graves et des sons de plus en plus aigus. Puis, nous sommes passés à l'oreille gauche.

— C'est fini, maintenant on va faire un autre exercice. Je vais te faire écouter des mots il faudra que tu les répètes.

Il actionna le magnétophone et des mots très simples comme ballon, poule, tapis, maison, auto sortirent des haut-parleurs. J'essayais de me concentrer un maximum, mais il y a beaucoup de mots que je n'ai pu comprendre.

Les examens finis, j'ai pu retrouver ma mère qui patientait dans la pièce aux piquants. L'audioprothésiste imprima quelques feuilles puis nous rejoignit quelques instants plus tard.

- Madame votre fille présente une surdité bilatérale avec des courbes descendantes à droite comme à gauche. Une perte de 40 dB sur 250 Hz, 60 sur 500, 80 sur 1000, 70 sur 2000 et 4000Hz. Pour l'audiométrie vocal, le seuil d'intelligibilité des 50 % est à 70dB de chaque coté. C'est une surdité moyenne, il va lui falloir deux appareils auditifs

Il sortit une boîte remplie d'appareils pour nous expliquer comment cela se présentait et fonctionnait. Un contour d'oreille, relié à un embout qui se situerait dans l'oreille. Après avoir traité tous les papiers d'achat avec ma mère, il prit l' empreinte de mon oreille avec une pâte rose comme de la pâte à modeler, cela servirait à faire l'embout en silicone qui se placerait à l'entrée de l'oreille. Il nous faudra attendre quelques jours, le temps de programmer l'appareil à mon niveau d'audition.

Une fois dehors, je réalisai petit à petit que j'entendais mal et que j'aurai des appareils sur mes oreilles qui me permettraient d'entendre mieux.

J'avais espoir que maintenant tout allait mieux se passer, on sait pourquoi j'étais si solitaire à l'école. J'avais une perte d'audition, je ne pouvais rien entendre à une certaine distance et comment savoir qu'on n'entend pas quand on n'a jamais bien entendu. Et pourtant à la maison, personne n'a remarqué, peut-être parce que je connaissais leurs voix et que les conversations étaient plus rapprochées, avec moins de bruit.

Nous voilà le jour J, j'allais chercher mes appareils. Le rendez-vous a été plus rapide que le précédent, le docteur expliqua à ma mère que les appareils auditifs marchaient avec des petites piles rondes, le modèle E13. Qu'elles duraient quelques jours et qu'il faudrait les remplacer. Après cette petite explication, il m'installa l'embout dans l'oreille et le contour sur l'oreille, m'en activant un puis le suivant.
— Alors Mélissa ça va ?
— Oh...
Je n'arrivais pas à trouver les mots, je n'osais pas parler non plus, j'avais l'impression d'entendre une autre voix que la mienne. C'était très fort, mais en même temps très étrange.

L'audioprothésiste me rassura que bientôt je m'habituerai et que j'apprécierai davantage mes appareils auditifs. Vraiment, à ce moment-là, j'espérais que ça allait changer bien des choses.

Pour ma première journée à l'école avec mes appareils auditif, la maîtresse avait pris des disponibilités, elle avait mis une table juste en face de son bureau. Puis elle expliqua à toute la classe que j'entendais mal et que maintenant je porterai des appareils auditifs. Ça partait d'un bon sentiment, mais en fait, ça a provoqué des petits rires et regards bizarres.

J'ai dû redoubler mon année de CE1, bien sûr avec ma perte d'audition et tous ces rendez-vous médicaux, j'avais bien trop de retard. C'est comme ça que je me suis retrouvée dans une classe d'un niveau deux fois inférieur à mon âge. Les moqueries se sont multipliées et ma solitude s'est amplifiée.

J'étais toujours à ma table, à part, bien proche de celui du bureau de la maîtresse, les adultes parlaient proche de moi et très fort. Certains exagéraient même, ils employaient des mots comme s'il s'adressait à un enfant de quatre ans. Pourtant j'avais toute ma tête, j'entendais juste mal. Mes camarades n'étaient pas mieux, ils me repoussaient, riaient de moi. Ils se moquaient de mes appareils auditifs. J'étais grande et bête pour eux. Les recréations et le temps de cantines étaient les plus durs à vivre, j'étais seule tout le temps. Mais j'étais aussi très gênée qu'on me voie seule. Alors j'allais cacher ma honte derrière un des grands arbres de la cour. Je passais mon temps à observer les oiseaux, les fleurs. Pourtant, il y avait une ligne rouge et nous avions interdiction de la franchir. Mais moi j'étais le fantôme de l'école. Et puis il valait mieux être discrète, il n'était pas rare que je reçoive un ballon sur la tête si j'avais le malheur de passer à côté de cette bande de copains qui jouaient au foot. C'était très drôle pour eux de viser la grande bête. Quand il pleuvait, c'était aux toilettes que je me cachais. Le midi, on allait manger à la cantine. Un bâtiment qui se situait en face de l'école, c'était une très grande pièce qui regroupait toutes les tables, celles des institutrices étaient au fond. Ce midi-là, comme d'habitude je faisais la queue pour prendre mon plateau. C'était poisson et riz au menu, nous avions le choix entre un yaourt ou un fruit, mais pas les cerises, c'étaient pour les maîtresses. Une fois mon plateau rempli, je cherchais discrètement une place. C'était une véritable corvée, chaque table regroupait une bande d'amis. Et dans tout ce brouhaha, je me faufilais vers une place à laquelle je ne serai pas embêtée. Je mangeais mon repas le plus lentement possible, car si je mangeais vite je me retrouvais seule sans rien faire ensuite, et ça, c'était une véritable torture. Il valait mieux sembler occupé.

Arrivée au dessert, une personne importante de la vie scolaire réclama du silence, et m'appela plusieurs fois. Bien sûr je ne l'ai pas entendue de suite, mais j'ai pu constater que d'un coup une centaine d'enfants sont devenus silencieux.

— Mélissa ? MÉLISSA ? MÉLISSA approche par ici !

De loin je n'étais pas sûre qu'elle m'appelait, et si j'allais vers elle et qu'en fait, ce n'était pas pour moi ? Je serais couverte de ridicule. Elle finit par se lever et me pointer du doigt, tous les regards des élèves se retournèrent vers moi.

— MÉLISSA, VIENS VIENS.

Je décidai de me lever sous ce silence angoissant, le chemin pour aller jusqu'à sa table me semblait long. Qu'est-ce que j'avais pu faire de mal ?

Arrivée à la table, elle me sourit et me demanda de lui tendre mes mains, elle me les remplit de cerises, puis elle me mit une grappe à chaque oreille. Elle se releva et s'adressa à tout le réfectoire.

— Mélissa a été la seule à manger son repas en étant sage et en silence. C'est inadmissible le bruit que vous faites ! Dorénavant je veux du silence !

Puis elle me fait signe de reprendre ma place, c'était vraiment gentil de sa part, mais sur le chemin du retour je me suis sentie mal. Elle a récompensé mon silence, mais pour moi, mon silence était une punition. J'aurais aimé être avec ceux qui sont bruyants, rire, discuter, m'amuser, avoir des copines, des copains. De plus, on me regardait encore plus bizarrement après ça.

Le personnel scolaire, sentant un malaise, conseilla à ma mère que je devais me rapprocher des enfants malentendants et sourds. J'ai dû aller tous les mercredis matins dans un centre exclusivement pour les enfants sourds et muets, une ou deux personnes seulement arrivaient un peu à s'exprimer sinon ils étaient presque tous sourds et muets. On venait me chercher avec un mini bus, l'association qui s'occupait de ce centre faisait le ramassage d'enfants dans tout le département. Là-bas nous faisions des activités créatives, et un peu de sport, parfois c'était simplement du jeu.

D'abord ce fut un choc pour moi, car même si j'avais quelques difficultés pour exprimer quelques sons, je parlais tout de même correctement. La majorité du centre signait, ce n'était pas possible de communiquer. J'ai bien essayé d'apprendre un peu la langue des signes, mais ce n'était pas quelque chose qui m'intéressait, je ne me sentais pas à ma place. Pour moi je n'étais pas sourde, seulement malentendante. Je pouvais entendre et je m'exprimais assez bien. A cette époque me demander d'apprendre a signer, c'était comme si on m'enfermait dans une bulle. Faire taire ma capacité d'entendre et de parler, c'était tout l'inverse de ce que je désirai. Au moins je n'étais pas moquée ici, mais je n'étais pas incluse non plus. Les groupes sont solides entre eux, comme l'huile et l'eau qui a du mal à se mélanger. Encore une fois, j'étais seule aux activités, à la pause... Ces mercredis matins n'étaient pas la solution pour moi, et quelque temps après j'ai pu finir par convaincre mes parents que vraiment j'en souffrais d'y aller.

Portugal

Ça y est ! C'est la fin de l'année scolaire, le début des vacances ! Une joie enfin pour moi, comme tous les ans, c'était direction le Portugal. Mes parents étant d'origine portugaise, ils travaillaient dur toute l'année pour économiser pour ces deux mois de pur bonheur. À peine le cartable d'école rangé qu'on commençait à faire nos valises. C'était l'effervescence à la maison. Il ne fallait rien oublier, on partait pour deux mois et le voyage se faisait sur deux jours. Ma mère se levait à 4h du matin pour charger la camionnette et préparer les repas pour la journée. Elle nous mettait des couvertures, des oreillers et des jeux de société pour qu'on puisse s'occuper pendant ce grand voyage. Mon père jeta un dernier coup d'œil aux volets et aux portes, pendant que ma mère nous installait. Ça sentait le départ d'une minute à l'autre.

— HOP tout le monde est prêt ?
— OUIIIII
— C'est parti pour le PORTUGAL!

On était tous très excités de partir, alors on s'est tous mis à chanter en chœur des comptines qu'on avait l'habitude de chanter tous ensemble. Bien sûr, après plusieurs kilomètres, on était tous déjà bien endormis. On faisait le voyage avec le fameux combi très à la mode dans les années 80. Mon père passait par les départementales et nationales pour éviter les autoroutes. Le voyage était plus long, mais c'était aussi bien plus agréable, on pouvait s'arrêter manger dans des endroits calmes au bord de la route. On découvrait plein de petites villes françaises, c'était agréable de voir les paysages changer.

Quand on s'approchait du sud-ouest de la France, on traversait une grande zone de sapins, on pouvait déjà sentir l'odeur de l'océan qui se cachait derrière. C'était aussi notre destination de mi-parcours, mes parents louaient des chambres d'hôtel, ça nous faisait tous du bien, une petite pause pour recharger nos batteries, et surtout pour mon père qui a dû veiller à rester bien concentré pendant ces huit cents kilomètres.

L'hôtel était magnifique, il donnait sur la plage de sable fin face à l'océan Atlantique. La réception était un peu vieillotte, mais ses chambres assez spacieuses. Il y avait aussi une terrasse bucolique avec une plante grimpante qui donnait de l'ombre sur toute la surface de la terrasse.

> — Bon les enfants, vous montez vos affaires pour la nuit et après vous pourrez aller vous baigner.

— Ouiiiii

On était vraiment heureux de cette pause, rien que l'air marin nous faisait un bien fou. Après un bon repas et une bonne nuit de sommeil, on était tous reboostés pour affronter notre seconde partie du voyage.

Quelques kilomètres plus loin, nous voilà à la frontière espagnole. Tout de suite, c'était un changement de décor, d'autres paysages, d'autres odeurs. On traversait des montagnes très grandes, et c'était toujours très impressionnant de les voir. On était ravi de voir les chèvres et les moutons sur les pentes des montagnes. Et plus on s'éloignait de la chaîne des Pyrénées, plus un nouveau paysage se dessinait. Des collines apparaissaient pour ensuite laisser place à un désert de champs plats pendant de très longs kilomètres. La chaleur commençait aussi à se faire ressentir, mais on en était bien contents, ça sentait l'arrivée au Portugal. Plus on s'approchait de la frontière portugaise et plus on était excités. On guettait tous le fameux panneau bleu qui signifiait notre entrée dans le pays.

— Attention, les enfants, le panneau est là sur la droite !

— PORTUGAL !

Explosion de joie dans ce petit combi, ça y est on y était ! Il nous restait plus que quelques kilomètres avant d'atteindre notre destination.

Une fois sur le territoire portugais, on retrouvait des routes pavées, et bien souvent des chemins de terre et très peu de véhicules. Mes grands-parents habitaient dans un petit village entouré de grandes collines. Pour s'y rendre, il fallait contourner les collines pour prendre le seul chemin possible, un chemin en terre. Avec la chaleur, le combi soulevait une impressionnante poussière orange. Une grande croix apparaissait au bout du chemin, c'était l'entrée de ce petit village. On tombait sur la grande place et sur une petite chapelle qui réunissait les habitants pendant les jours de fête, mais aussi pendant les jours de tristesse.

Mon père klaxonnait, très heureux de retrouver ses proches et amis, on pouvait l'entendre de loin. Mais pas question de s'arrêter tout de suite; la première personne qu'il voulait voir c'était sa mère.

Il nous reste plus qu'un chemin pour y arriver, c'était le plus difficile, un chemin biscornu avec des petites cotes et descentes, des trous et des gros cailloux. Mais quelle récompense au bout, la maison de mes grands-parents était en hauteur d'une petite colline, entourée d'un figuier, châtaignier, olivier, il y avait un potager et du raisin. Des poules et des coqs en liberté. Ils avaient aussi une petite porcherie formée avec des grosses pierres et une dalle en béton en guise de toit, sans oublier les chèvres, les moutons et l'âne. Tout le monde était là pour nous accueillir, les retrouvailles avec notre famille portugaise étaient émouvantes et chaleureuses. Ils étaient entourés de sapins, de fougères, ça sentait si bon surtout une fois que le soleil se couchait, les odeurs ressortaient énormément. Et si on descendait un peu le chemin, on tombait sur la rivière. Les plus proches voisins se trouvaient à un kilomètre. C'était un endroit isolé au milieu de la nature. Il n'y avait ni eau courante ni électricité. Pour l'eau, ils allaient la tirer dans un puits naturel à l'aide de leur âne, ils la stockaient dans de grandes cruches en terre cuite, ça permettait à l'eau de toujours rester fraîche. Pour la lumière ils s'éclairaient à l'aide de lampes à pétrole. C'était un choc la première fois, sachant que nous en France nous avions déjà tout le confort nécessaire. Mais ici au Portugal il y avait au moins trente ans de différence avec la France. Mais ça nous importait peu, on savait qu'on allait passer d'excellentes vacances.

À peine arrivés que la table sous le grand châtaigner était dressée pour nous, il y avait des pastèques, des melons, des olives, du chorizo, du fromage, du vin. Tout ça était le fruit du travail de mes grands-parents et de la famille, ma grand-mère faisait du fromage avec le lait de ses brebis et chèvres. Ils vivaient de leur potager et de leurs animaux. Ils avaient aussi des oliviers qui leur permettaient de produire de l'huile d'olive. Tout était fait maison, et je dois dire que niveau goût c'était une explosion de saveurs. Leur maison était petite avec juste le strict nécessaire, la base de leur maison était faite avec de grosses pierres, et à l'intérieur c'était des murs en bois. La première pièce c'était la cuisine, il n'y avait ni frigo ni cuisinière, seulement une table, des chaises, un meuble de cuisine et une grande cheminée ouverte. À l'intérieur pendait un gros chaudron en fonte, il y avait toujours une soupe au délicieux parfum qui mijotait. Mon grand-père fabriquait des mini bancs en bois pour être près de la cheminée. D'ailleurs la cheminée était la pièce centrale de la maison, c'était près d'elle qu'on mangeait par temps de froid, c'était ici qu'on faisait cuire, et c'était ici qu'on se réunissait pour avoir de la chaleur. Juste à côté il y avait le salon, c'était très modeste aussi, un canapé, deux meubles décorés de petits napperons que ma grand-mère crochetait, dedans elle mettait sa vaisselle en porcelaine qu'elle sortait seulement pour les très grandes occasions, une armoire et des malles en carton. Des photos en noir et blanc trônaient un peu partout dans la pièce. À côté c'était les chambres, de toutes petites pièces qui pouvaient contenir tout juste un lit et une table de chevet. Une chambre c'était pour dormir alors il n'y avait besoin de rien d'autre qu'un lit, même pour leurs vêtements ils avaient seulement quelques tenues. Une pour la messe, le dimanche, et d'autres pour la vie de tous les jours. Les Portugaises s'habillaient souvent de noir ou de bleu marine, elles portaient des collants noirs et un foulard qu'elles attachaient au niveau de la nuque. Mon grand-père, lui, mettait un pantalon, une chemise et un béret.

Le matin on se levait assez tôt naturellement, on prenait notre petit déjeuner sous le grand châtaigner qui nous donnait un peu de fraîcheur. On avait toujours un bol de chocolat et de grandes tartines de pain maison beurrées, ensuite nous partions nous laver dans la rivière, n'ayant pas de salle de bain nous n'avions pas le choix. Mais vu la chaleur qui commençait à se faire sentir, on était bien contents d'y aller. Nos après-midi, on les passait à jouer, à s'occuper des animaux, à explorer les alentours, parfois on grimpait ces grandes collines pour voir la vue magnifique à 360 degrés. On rendait souvent visite à la famille, aux voisins et amis, les gens étaient généreux et accueillants. Il y avait toujours de quoi manger posé sur la table pour les visiteurs. Personnellement, j'adorais observer, écouter et sentir cet environnement totalement pur, je pouvais passer des heures à essayer de reconnaître quelle plante donnait cette agréable odeur. Je ne sais pas si le fait de perdre un sens développait les autres, mais en tout cas, j'avais un excellent odorat et une excellente vue également. J'aimais aussi observer ces grillons qui faisaient un bruit si fort tout en savourant une pastèque délicieusement sucrée et fraîche. Ma grand-mère lavait son linge dans l'énorme bac en ciment qu'on appelait le tank, elle frottait avec un endorme pain de savon rose et parfois bleu, l'odeur était bien différente de nos lessives en poudre. Parfois quand c'était de grandes pièces de vêtement, elle descendait directement à la rivière pour les laver. On pouvait l'entendre chanter au loin des chants portugais. Parfois avec mes frères mes sœurs, nous allions aider des voisins à faucher le blé et faire des bottes de paille. Tout ça bien sûr sans tracteur et entièrement à la main. Ce que j'aimais pendant ces vacances, c'est que malgré la barrière de la langue (nous ne parlions pas le portugais mes frères et sœurs), les Portugais nous ont bien accueillis et jamais je n'ai reçu une moquerie de leur part, bien au contraire ils étaient chaleureux et nous ont toujours exprimé de la joie. Ils étaient avides de partage et aimaient notre compagnie. Là-bas, je pouvais être moi-même, une petite fille normale avec certes des appareils auditifs, mais une petite fille comme les autres. Après ces journées aventureuses, le soir on se réunissait tous autour du châtaignier éclairé par les lampes à pétrole pour manger une soupe que ma grand-mère préparait. Et si c'était un soir que la lune éclairait bien, on prenait le chemin biscornu pour manger une glace ou boire une sum ananas à la taverne du petit village. N'ayant pas d'éclairage public, on pouvait voir facilement le chemin de terre et de cailloux que la lune éclairait. C'était un long chemin de deux ou trois kilomètres, mais c'était agréable de marcher dans la fraîcheur de la nuit en écoutant les grillons. Cette petite taverne était la seule dans le coin, elle faisait bar et petite épicerie. Elle vendait quelques petites choses comme des pains de savon, des bassines, du pain, des cruches et de la vaisselle en plastique, sans oublier des bonbons et des gâteaux. Pour le reste, les gens du village faisaient beaucoup de troc, certains étaient bons pour la fabrication du vin et d'autres alcools, d'autres dans les fromages ou encore pour le pain et le chorizo. Parfois ils allaient à dos d'âne dans les grandes villes à côté pour les marchés, on pouvait y trouver plus de choses comme des couteaux, des poteries, de grandes cruches en terre cuite pour conserver l'eau, des étales d'épices, des légumes, de la viande et du poisson. On pouvait boire et manger des sardines grillées ou des porcelets cuits à la broche. C'était très coloré et on pouvait sentir mille odeurs. Quand on allait au marché, c'était jour de fête, on avait l'occasion de découvrir une grande ville un peu plus moderne, de rencontrer des gens et surtout de faire le plein d'objets merveilleux qu'on n'avait pas en France. Mes grands-parents n'ayant pas de véhicule comme la majorité des Portugais a cette époque, on profitait pour compléter ce qu'ils leur manquaient avec l'argent de leurs ventes de produits de ferme. Ils ne roulaient pas sur l'or, mais ils étaient très travailleurs, ils ont pu au fil du temps acheter des terrains d'oliviers, de lièges et autres arbres fruitiers ce qui leur généra un peu d'argent. Ils savaient l'importance de l'argent, et mettaient de côté en cas de besoin. Ils ont connu les temps très durs sous Salazar, ils ont connu la misère, le manque de nourriture et les hivers froids. Le gouvernement venait chercher les jeunes hommes dans les campagnes pour combattre en Afrique, pendant que femmes et anciens travaillaient dur pour survivre. C'est pour un avenir meilleur qu'ils ont souhaité tenter leur chance en France dans les années 60. Mon grand-père et ses fils tout juste sortis de l'adolescence ont décidé de partir les premiers en France clandestinement. Ils ont dû traverser l'Espagne en cachette et traverser les Pyrénées à pied pour finir ensuite dans un bidonville en Île-de-France. Mais déterminé, mon grand-père a très vite trouvé du travail pour lui et ses fils. Certes c'était du travail sous-payé et dégradant, mais ils étaient motivés à s'en sortir. Ils ont appris très vite le Français et trouvé un petit appartement peu cher sous les toits d'un immeuble. Une fois bien installés, mon grand-père rentra au Portugal et laissa ses fils faire leur vie en France. Au Portugal, il a continué de travailler dur, pour faire prospérer ses terrains. Il ne s'arrêtait jamais, l'important pour lui c'était de travailler, il fallait faire des réserves de pommes de terre, d'oignons et de bois pour l'hiver.

Bien sûr, de mes yeux d'enfant, je voyais seulement ce qui était beau, mais pour certains adultes la vie était dure. Vivre en autonomie était un travail dur en permanence, qu'il pleuve ou qu'il fasse quarante degrés il fallait travailler pour s'occuper des animaux et des terres. Malheureusement les mentalités n'étaient pas toujours bonnes, les femmes n'étaient pas souvent l'égale de l'homme. Étant donné leur fabrication d'alcool artisanal, le vin et l'eau-de-vie pouvaient couler à flots. Et ainsi engendrer des violences conjugales.

Après ces semaines de vacances, c'était le grand retour à la réalité, c'était très triste de quitter ce havre de paix. Mes grands-parents remplissaient le coffre du combi de carafons de vin, d'eau-de-vie, de fromage, de chorizo, des fruits, des légumes et de l'huile d'olive. Ma grand-mère ne manquait jamais de préparer un repas pour le voyage. Le départ fut terriblement triste, on pouvait sentir les cœurs se serrer sans même les voir. Et plus on s'éloignait et plus on se rapprochait de nos vies modernes, mais grâce à tous ces petits trésors dans le coffre on pouvait sentir le Portugal nous suivre.

Malheureusement celles-ci étaient nos dernières vacances en famille. Peu de temps après, nous avions perdu ma grand-mère. Elle avait fait une mauvaise chute et sa blessure n'a pas été soignée. Mon père a dû partir en urgence la rejoindre et quand il est arrivé elle s'en est allée dans ces bras. Mon père a été très perturbé par son départ, des émotions tellement puissantes que son esprit a préféré se déconnecter de la réalité pour le protéger. Il s'en est suivi des épisodes de dépression et de folie qui ont engendré des moments de stress pour moi.

Collège / Lycée

La rentrée scolaire approchait à grands pas, ce n'était vraiment pas gai. J'aimais aller à l'école pour apprendre des choses, mais les relations avec mes camarades étaient catastrophiques. Bien sûr il y avait des filles sympas, mais vu que je n'arrivais pas à suivre leurs discussions j'étais très vite mise de côté. À la fin de mes années de primaire, on m'embêtait moins, mais j'étais toutefois toujours très solitaire, je me cachais moins, mais j'errais d'une cour à l'autre, je me posais dans un coin et je méditais, j'observais ce qui m'entourait. À force j'ai appris à lire sur les lèvres, même à déchiffrer les expressions des visages et leurs comportements corporels. J'essayais de savoir ce que la personne ressentait comme émotions. Grâce à ça, parfois, je pouvais comprendre une phrase dont j'entendais seulement quelques brides et si elle était sincère dans ses propos.

Voyant mon comportement solitaire, le directeur donna rendez-vous à mes parents.
— Madame, monsieur bonjour, Mélissa bonjour.
— Bonjour
— Veuillez vous asseoir, je vous prie.
Voilà, nous avons eu une réunion avec le centre de Mélissa et son institutrice. Ces notes sont bonnes, mais niveau comportement nous pensons qu'il serait dans son avantage de l'inscrire dans un collège avec des classes spécialisées.
— C'est-à-dire des classes spécialisées ? répondait ma mère un peu surprise.
— C'est un collège normal avec une classe pour les malentendants, ils

seront dans une classe à petit effectif, le programme sera plus lent, mais ils feront une deuxième 4e pour récupérer leur retard. L'organisation sera le même que pour les autres élèves. Ils auront en plus sur place une orthophoniste et une psychologue.

Je n'étais pas sûre d'avoir bien compris, mais quelques mots me glaçaient déjà le sang.

— Où se trouve ce collège ? demanda mon père.

— Le collège se trouve dans un département limitrophe, mais ils auront une compagnie de transport qui se chargera des trajets.

— Ça me paraît bien, et toi Mélissa qu'est-ce que tu en penses ?

Je n'ai pas répondu, je n'ai pas réussi à m'exprimer. Le directeur fournit les documents à mes parents et nous partîmes.

J'avais mille émotions qui me traversaient le corps, j'étais furieuse et je n'avais aucune envie de me retrouver dans une classe avec des élèves sourds et muets. Mon expérience des mercredis matins était une catastrophe, je ne m'y sentais pas à ma place. Alors aller dans une classe spécialisé me rendait vraiment triste.

— Je pense que ça serait une bonne idée Mélissa, tu te sentiras moins seule avec des élèves avec la même difficulté que toi

— Mais maman tu sais bien que ce n'est pas pareil que moi. Le mercredi, j'étais toute seule, les enfants là-bas sont la plupart vraiment sourds et parle en langue des signes. Moi je parle et j'entends quand même avec mes appareils. Je n'ai pas envie d'être de nouveau seule.

— Le directeur nous a bien expliqué que ça sera des enfants comme toi qui sont malentendants.

Vraiment je n'avais pas confiance, même si j'étais souvent seule dans mon école primaire je voulais continuer à être dans le parcours scolaire classique. Je ne voulais pas me renfermer dans une bulle encore plus silencieuse.

Et c'est avec beaucoup d'a priori que je suis allée dans ce collège.

D'abord il était vraiment très grand, une belle cantine, plusieurs bâtiments avec des classes à chaque étage, des classes de techno, de physique, de musique et d'art. Le CDI était vraiment spacieux, on avait accès à plusieurs centaines de livres ainsi qu'à une médiathèque et à des ordinateurs. D'apparence c'était le même collège que n'importe où, il y avait juste une classe en plus à chaque niveau pour les malentendants.

Même si j'étais agréablement surprise, je suis restée sur ma réserve les premiers jours. J'étais décidée à ne plus me laisser faire. Finalement mes camarades n'étaient pas du tout comme je le pensais, ici la majorité me ressemblait. Ils étaient comme moi, ils s'exprimaient bien et pouvaient entendre avec les appareils auditifs. Quelques-uns avaient un peu plus de difficultés, mais globalement on pouvait tous suivre un parcours scolaire classique, à petit effectif.

Très vite je me suis épanouie, je me suis fait des amis dans ma classe. Les professeurs nous considéraient comme n'importe quel élève de ce collège et c'était vraiment agréable de se sentir comme les autres et pas seulement comme une personne un peu simplette. Seul un professeur exagérait pour nous parler en faisant de grands gestes et en articulant grossièrement, on avait beau lui expliquer qu'il suffisait de bien s'exprimer pour qu'on puisse comprendre, que nous étions simplement malentendants et pas sourds, mais c'était peine perdue. Seulement la première année, nous avons été victimes de moqueries venant des élèves entendants. Quand ils passaient devant nous, ils faisaient des grimaces et imitaient le langage des signes en disant « oh regardez les mongoles ». Mais à plusieurs c'était plus facile à supporter, et nous les remettions très vite à leur place. C'était un collège avec des classes spécialisées, mais ce n'était pas pour autant que nous étions casés dans une partie du collège entre nous. Bien au contraire, on pouvait s'inscrire pour des cours de sport ou de danse avec des entendants. À la cantine, au CDI et en permanence nous étions tous ensemble. C'est comme ça que je me suis fait également des amies entendantes. Je crois bien que mes années au collège sont les années pendant lesquelles on m'a le plus respectée. Je pouvais enfin être moi-même, une jeune fille tout à fait banale avec les mêmes capacités que n'importe qui, avec des difficultés à entendre. Mes notes ont fait un bond en avant, j'avais d'excellentes notes, je dévorais les leçons et j'étais avide de bien faire et d'apprendre. J'ai pu avoir mon brevet des collèges avec une excellente moyenne.

Le seul défaut qu'ils avaient était un manque d'accompagnement pour l'après-collège, on était très peu conseillés. Et beaucoup se sont retrouvés à ne rien faire, perdus dans ce monde très peu accueillant pour eux. Pour ma part, je suis allée dans un lycée entièrement entendant pour passer un BEP fleuriste. C'était tout de même une mauvaise idée de me diriger vers un métier de clientèle, mais je ne savais pas à ce moment-là que ma situation pouvait encore changer.

J'étais la seule malentendante dans ce lycée, et vu mes cheveux longs mon handicap ne se voyait pas immédiatement. J'avais souvent le droit à un «t'es sourde ou quoi ?» si je faisais un peu trop répéter. Peu de gens savaient faire la différence entre être sourde et malentendante. Pourtant ce n'est pas pareil. Moi il me restait un peu d'audition, ce qui me permettait d'entendre mieux avec des appareils auditifs. C'était des petites réflexions, mais qui restaient tout de même blessantes. À part ça, j'étais bien intégrée même si je préférais rester discrète.

C'est au lycée que je rencontrai l'une de mes meilleures amies. Elle était entendante, on s'était rapproché un jour, quand le professeur principal dut faire l'appel dans la cour. Cela allait être une grosse difficulté pour moi, il était quasiment impossible que je puisse entendre l'appel de mon nom lorsque cela serait mon tour, à cette distance. Alors, je lui demandai si elle pouvait me prévenir quand elle entendrait le professeur prononcer mon nom. Tout de suite, elle me répondit « Oui, sans problème ». Depuis ce jour, on ne se quitta plus. Elle avait les mêmes passions que moi et la même mentalité, mais elle, elle était plus extravertie. Au lycée, elle m'aidait quand je n'arrivais pas à entendre. Quand le professeur dictait la leçon, je pouvais regarder sur sa feuille pour les parties qui m'avaient échappé. Elle fut d'un grand soutien, sans elle, cela aurait été plus difficile. On se voyait aussi en dehors du lycée, elle me fit découvrir des lieux que je ne connaissais pas, m'emmenait dans des soirées et veillait toujours à ce que je me sente à l'aise.

Au lycée, les professeurs ne firent aucune différence, ils furent un peu plus souples avec moi, mais sans pour autant me donner des avantages. J'étais traitée comme tous les autres et c'était tant mieux. Étant donné que je n'étais plus suivie par le centre, je n'avais plus de transporteur pour me conduire au lycée. Je devais prendre un bus qui passait toutes les heures, dans un environnement très bruyant. J'ai dû supporter ce bruit pendant toutes mes années au lycée. C'était un moment où les acouphènes étaient encore plus forts que d'ordinaire.

Surdité profonde

Depuis toujours j'avais des acouphènes, j'avais appris à vivre avec, mais cette fois-ci, ça devenait infernal. Des bruits d'écho, de friteuse, de l'eau qui coule. J'arrivais très peu à m'endormir le soir tellement c'était gênant. Sans appareil je n'entendais plus, et suivre les conversations dans les milieux bruyants n'était plus possible, pire encore pour les conversations en groupe. Il me fallait du calme et être face à face, je m'aidais beaucoup de la lecture labiale. J'étais sûre d'avoir perdu de l'audition. Et cela s'est confirmé avec mon dernier audiogramme. J'avais une perte de 105 dB sur toute les fréquences 500Hz, 1000,2000 et 4000. Mon audiométrie vocale était négatif, l'audioprothésiste n'a pu obtenir aucune réponse. Je n'entendais plus, je savais que mon audition était en chut depuis le début. Mais j'étais loin de m'imaginé une aussi grosse perte. J'avais désormais une surdité profonde bilatérale.

Cette nouvelle me brisa, j'avais peur de me retrouver dans un monde de silence. Je fis une première dépression lors de laquelle je me renfermai de longs mois dans ma chambre, je ne voulais plus voir personne même ma meilleurs amie. J'avais perdu toute volonté de bien faire et même parfois de vivre. J'étais souvent sans appareil, à errer chez moi, mais ce qui m'a surprise le plus dans ce moment d'errance, dans ce monde silencieux, c'était les souvenirs auditifs. Un jour que je regardais un film à l'aide des sous-titres et sans appareils auditifs donc sans aucun son, un film à suspense, j'étais très concentrée, à un moment on voit à l'image en gros plan une vieille porte en bois massif s'ouvrir tout doucement. Le sous-titre disait « la porte grince» et dans mes pensées j'ai entendu cette porte grincée, exactement au rythme de son ouverture, cela me paraissait si réel que je me suis demandé si par miracle je pouvoir réentendre. Je n'avais jamais fait attention avant, mais je pose mes souvenirs auditifs sur chaque image que je peux voir. J'ai tout de même réussi à obtenir mon diplôme, mais il n'était plus question que je travaille en tant que fleuriste. Il ne m'était plus possible de tenir une conversation dans un lieu légerment bruyant. Il aurait fallu être dans une pièce calme avec des personnes qui s'exprimaient correctement sans accent, autant dire que c'était impossible. J'avais perdu tellement d'audition que mes appareils commençaient à être obsolètes. L'audition perdue l'était définitivement. Le plus difficile à supporter c'était de me dire qu'un jour je me retrouverai définitivement sourde sans pouvoir entendre un minimum avec des appareils auditif. Malgré tout j'essayai de me relever, et garder la tête hors de l'eau.

Les relations humaines

J'ai pu décrocher mon premier entretien d'embauche dans une entreprise de logistique. Arrivée sur le lieu, j'étais super angoissée, partagée par l'envie d'être prise et la peur d'être mal reçue. Ça commençait déjà mal, première difficulté : un interphone à la porte. Je sonne... je reste hyper concentrée pour ne pas louper la personne qui répond. J'entends vaguement une voix inaudible, mais je me doute que la personne me dit bonjour.

— Bonjour je suis Mélissa je viens pour l'entretien à 14h avec monsieur Louej.

J'entends la personne me répondre sans vraiment distinguer ce qu'elle dit, mais je sens le bzzz de la porte qui s'ouvre. Soulagée, je me dirige vers l'accueil, la secrétaire me fait patienter dans la salle d'attente.

Quelques personnes attendaient, cela m'a provoqué une autre montée d'angoisse. Je devais rester très concentrée pour essayer d'entendre mon nom. Une personne arrive.

— Madame…

Mince je n'ai pas entendue, est-ce moi ? Je regarde autour pour observer si une personne réagit. Ouf la dame du fond se lève et se dirige vers la personne. Quelques instants plus tard, rebelote, je n'ai pas réussi à bien distinguer le nom de famille. Sauf que personne ne se lève et je vois le monsieur s'impatienter en haussant le ton.

— Madame Mélissa COSTA !

Oups c'était bien moi, je me lève vite pour le rejoindre dans son bureau.

— Bonjour, je m'excuse je suis malentendante.
— Ah et vous ne l'avez pas dit avant ? me répond-il d'un ton très sec.

— Si bien sûr, je l'avais précisé dans ma lettre de motivation.

— Bon, je vois sur votre CV que vous avez obtenu votre BEP fleuriste, pourquoi vouloir postulé dans notre entreprise ?

— Et bien parce que j'ai eu une perte d'audition pendant l'obtention de mon BEP, et il ne m'est désormais plus possible d'effectuer un travail en contact avec la clientèle. Par contre je suis tout à fait capable d'effectuer des tâches seule sur mon poste de travail comme celles que vous proposez..

— Bon...

Il se met à réfléchir, et moi je tends mes oreilles un maximum, il ne faudrait pas que je le fasse trop répéter.

— Bon nous pouvons toujours faire un essai. Vous commencerez lundi à 7h, et vous aurez deux jours de formation.
— Très bien, merci.

C'était vraiment une bonne nouvelle, ce n'était pas le travail rêvé, mais ça allait me permettre de passer mon permis de conduire et d'être un peu plus autonome financièrement.
Le lundi, j'arrivais bien en avance, mais ce n'était pas grave, il valait mieux être en avance que de me faire remarquer encore plus, et cette fois je n'avais pas l'épreuve de l'interphone puisque les employés possédaient un badge pour rentrer. C'était une grande entreprise, il y avait bien une centaine d'employés. Je fus accueillie par ma chef qui avait été mise au courant de mon handicap. Elle était bienveillante et

m'expliquait les protocoles à respecter avec sérieux et gentillesse, elle n'hésitait pas à répéter sans agacement comme bien souvent c'était le cas. Si bien que dès la première journée je connaissais les manipulations à faire. Au niveau des collègues par contre c'était moins joyeux. Personne ne connaissait mon souci, si bien que certaines personnes ont pu me dire bonjour sans que je puisse entendre et répondre, j'ai dû passer pour quelqu'un de hautain. Après ça, ce n'était plus des bonjours, mais des regards plus méchants. Je pense que quelques-unes se sont plaintes à la direction. Et quand elles ont su, leurs regards ont changé, c'était plutôt des regards de pitié. Parfois on me disait quelques mots, mais sans plus. Je pense que ce n'était pas agréable d'avoir une discussion avec une personne qui demande à répéter sans cesse, une discussion où il faut parler plus fort et se rapprocher. Finalement pour moi ce n'était pas grave si j'étais seule pendant mon temps de pause, tant qu'on ne me jugeait pas. J'en profitais pour m'évader mentalement, penser à la vie que j'aimerais avoir. Parfois certains collègues ne se gêneraient pas pour parler de moi sans se cacher, en pensant peut-être que je ne comprendrais pas. Mais être dans un semi-silence m'a permis de mieux observer, de comprendre très facilement les émotions que les personnes dégagent. L'intuition était très forte. J'arrivais à lire également sur les lèvres, mais aussi à refaire une phrase avec seulement quelques mots que je pouvais entendre. Bien sûr, je ne me suis jamais défendue, cela me touchait peu, sauf une fois, un nouveau sous-chef était présent et il n'était pas au courant que dans son équipe il y avait une personne malentendante. Il s'approchait vers moi avec une pile de feuilles, mais avec tout le boucan de l'entreprise je n'ai pas compris ce qu'il me disait.

— Pardon ?

— (inaudible) passer (inaudible) là-bas

— Ah pour faire passer la pile de feuilles à côté de moi ? Je m'excuse je suis malentendante je ne vous ai pas entendu.

Je m'excuse encore et encore, je ne sais même pas pourquoi je m'excuse tout le temps, c'est involontaire de ma part si j'entends mal, mais ce mot est un automatisme.

Là, mon sous-chef se calme et se rapproche vers moi en me disant bien fort.

— Si tu veux je sais parler la langue des singes.

Et là sans attendre une réponse, il se met à faire des singeries avec ses bras, et la collègue à côté, morte de rire.

Je n'ai pas eu le temps de répondre qu'il avait déjà tourné le dos pour rire de sa blague de mauvais goût avec la collègue d'à-côté.

Je me suis sentie blessée et même si ce n'était pas la première fois que j'entendais ce genre de propos, cela ne m'a pas empêchée d'avoir les larmes aux yeux. C'était si humiliant, vraiment on me voyait comme une personne bête qui ne pouvait pas comprendre. Comme si j'avais une capacité intellectuelle inférieure à la leur. Et même si je ne signais pas, je trouvais ça extrêmement méchant de se moquer de la langue des signes.

Travailler était quelque chose d'extrêmement difficile, pas pour les tâches bien au contraire, mais je ne pouvais pas travailler dans un environnement aussi bruyant, mes acouphènes étaient bien plus intenses quand je travaillais. Et puis à force, je n'arrivais plus à supporter ces regards et ces moqueries.

Même si nous étions adultes, parfois il restait des personnes qui ne supportaient pas la différence et comme à l'école s'acharnaient.

J'ai tenu le plus longtemps possible afin de passer mon permis de conduire, et encore une fois le plus difficile n'a pas été l'épreuve, mais mon rapport avec les gens. J'ai obtenu mon code sans difficulté, mais quand j'ai commencé la conduite c'était une autre histoire. Mon handicap ne m'a pas posé de souci pour conduire, mais essayer d'entendre la monitrice m'indiquer les directions oui. Une fois, elle avait décidé de m'emmener sur l'autoroute, une autoroute bruyante, elle m'a indiqué la direction d'une ville que je ne connaissais pas. N'ayant pas compris je lui ai demandé si c'était la prochaine à droite. Et la furieuse elle s'est mise à me crier dessus qu'il fallait que je sois plus attentive et que «j'ouvre» davantage mes oreilles. J'ai fondu en larmes, pourtant je n'étais plus une petite fille, mais je me suis sentie humiliée. Je ne demandais pas mieux que de bien entendre, s'il suffisait de bien «ouvrir» ses oreilles, je l'aurais fait depuis longtemps.

Par la suite, j'ai pu avoir une monitrice bienveillante, et grâce à elle j'ai pu apprendre a conduire et j'ai pu obtenir mon permis de conduire sans aucun problème.

Quelque temps après, je fis la connaissance d'un garçon. Nous nous étions rencontré sur internet, tout à fait banalement, sur les réseaux sociaux. Nous commençâmes à discuter sur la messagerie du site. Au début, je n'osai pas lui dire que j'étais malentendante. Mon handicap ne change rien à ce que je suis, mais je savais que c'était quand même important de le dire. Quand je le lui dis, il ne le prit pas mal, il me dit que ça ne changeait rien. Nous nous entendions bien et l'attirance était mutuelle, nous nous vîmes quelques jours plus tard. Un bon feeling passa tout de suite, et c'est sans surprise qu'il devint mon petit ami. Nous nous voyions régulièrement, il était attentif et prenait soin de moi lorsque nous étions ensemble. Nous sortions souvent, il m'emmenait régulièrement en balade, au restaurant. Parfois, nous pouvions passer des heures à discuter de tout et de rien. Souvent, dans ces moments-là, il recevait des appels téléphoniques. Il répondait toujours en s'éloignant un peu plus loin, il me disait que c'était pour le travail. De temps en temps, je percevais un mot étrange mais il me disait que j'avais mal entendu. Soit ! cela pouvait être vrai, donc je ne cherchais pas plus loin.

Quelques semaines plus tard, je tombai enceinte. Ce n'était pas prévu, mais j'acceptai cette nouvelle avec joie. En revanche, pour mon copain, ce ne fut pas du tout la même réaction. Il fut catégorique, il voulut que j'avorte. Il craignait que le bébé naisse également avec un handicap, comme moi. Pourtant, je lui avais expliqué que ce n'était pas génétique, que j'avais juste fait de nombreuses otites qui m'avaient fragilisée. Mais il n'en démordit pas, il voulut que j'avorte. Comme c'était une chose impossible pour moi, je lui dis alors que j'étais désolée pour lui de lui imposer cette grossesse, je lui expliquai que s'il voulait, il pouvait partir, que je ne lui demanderais rien, mais pour moi, c'était catégorique, je ne pouvais pas vivre un avortement. Il finit par accepter, et il resta. Pendant un moment, même, il envisagea qu'on prenne un appartement ensemble afin de bien accueillir le bébé et puis plus rien. Il ne me présenta jamais à sa famille, je ne pense pas qu'ils aient été au courant. Il ne s'investit pas beaucoup. J'allai seule à tous les rendez-vous chez le gynécologue. Puis je finis par me trouver un petit studio. C'était primordial, pour moi, de bien accueillir cette petite vie. Je meublai mon petit studio et commençai à préparer tout le nécessaire pour le bébé. Il ne manquait qu'une seule chose : un babyphone spécial pour que je puisse l'entendre pendant mon sommeil. Pour cela, j'avais besoin d'un babyphone puissant, qu'il fasse émetteur et récepteur avec des grosse vibrations. Il me fallait un « coussin » vibrant à mettre sous mon oreiller. Malheureusement, mon dossier pour faire la demande d'aide avait pris du retard. Je n'allais jamais l'avoir à temps avant la naissance de mon bébé. Mon copain m'avait proposé de venir habiter avec moi, le temps que mon dossier se débloque. Je fus ravie de cette décision, je me dis que, peut-être, après la naissance, il serait plus enclin à l'accepter. Il souhaita même venir quelques jours avant mon accouchement pour pouvoir l'accueillir. Que demander de plus ? J'étais heureuse.

Mais cela ne se passa pas comme prévu. À la maison, il était distant et s'éloignait toujours pour répondre au téléphone. Quelquefois, je l'entendais même chuchoter à des heures où cela ne pouvait pas être pour le travail. Quand je lui posais la question, c'était toujours pareil, « oh tu as mal entendu », « ça devait être dehors où à la télévision », toujours à cause de mon audition.

Puis, un jour, je l'entendis vraiment bien, il se pensait seul alors que j'étais juste à côté. Il parlait à une femme très familièrement, il l'appelait « mon amour ». Je l'avais bien entendu cette fois, il n'était pas question qu'il me refasse croire que j'avais mal entendu ! C'était fini, il ne pouvait plus nier, j'étais sûre de moi.

Pendant la dispute, il finit par me dire la vérité. Quand il m'avait rencontrée, il était déjà en couple, fiancé avec une femme sans enfant. Il aimait être avec moi, mais il avait honte de mon handicap. Déçue et blessée, cette dispute provoqua le lendemain la rupture de la poche des eaux.

La naissance fut un jour merveilleux, tout se passa très bien. Je ressentis beaucoup d'amour quand je pris mon fils pour la première fois dans mes bras. Le personnel soignant était bienveillant et compréhensif. Mon copain était présent également, mais il était très froid et distant. Bien entendu, je ne pouvais pas lui pardonner, mais pour mon fils, il restait son père.

Une fois à la maison, l'ambiance n'était pas au beau fixe. On ne faisait que de se disputer, et au cours de l'une d'elle, il m'a annoncé cash qu'il allait saisir le juge pour avoir la garde exclusive de mon fils, qu'il n'aurait aucun mal à l'avoir car aucun juge ne laisserait un bébé à une sourde. Choquée, je lui demandai de partir, ma surdité ne m'empêchait pas d'être une bonne mère. C'est vrai que tant que je n'avais pas mon babyphone, je n'étais pas autonome. Mais ce n'était que pour un temps. Me retrouvant seule, ma mère vint pendant un moment pour me réveiller la nuit, jusqu'à ce que je reçoive le babyphone. Une fois reçu, je n'avais plus aucun souci pour me réveiller.

C'était un appareil vraiment puissant, il captait le moindre bruit et me l'indiquait en faisant vibrer le petit « coussin » sous mon oreiller. Grâce à cela, j'étais totalement autonome pour m'occuper de mon fils.

Après une vérification chez l'O.R.L. et l'audioprothésiste, il n'avait aucun souci d'audition. C'était un petit bonhomme en parfaite santé. Je veillai à lui donner une éducation avec des valeurs très importantes pour moi, la tolérance et la bienveillance. C'est un petit garçon épanoui et très dégourdi. Chaque soir, je lui lisais des histoires pour enrichir son vocabulaire et mieux s'exprimer. Certes, quand je parle, il m'arrive encore de mal prononcer certains sons, mais quand je lis, ma lecture est fluide et expressive.

Depuis ce fameux soir, en revanche, nous n'avions plus de nouvelles de son père. J'ai su bien plus tard qu'il s'était marié avec sa fiancée et qu'il avait des enfants. Pour ma part, je n'avais aucun regret de l'avoir quitté.

Je ne pouvais pas vivre avec quelqu'un de rabaissant.

Doute

Dans beaucoup de situations, je me sentais rabaissée seulement parce que je n'avais pas réussi à entendre. D'autres avaient littéralement profité pour exprimer leurs sarcasmes devant moi pensant que je ne comprendrais rien. J'ai développé des phobies, je n'osais plus me présenter aux rendez-vous administratifs ou médicaux, chaque lieu dans lequel je devais être en contact avec des inconnus, même au supermarché, était une vraie crainte, il n'y avait pas beaucoup d'échanges, mais répondre non à la question « par quel moyen de paiement réglez-vous ?» en pensant qu'elle me demandait si j'avais la carte de fidélité instaurait forcément un malaise, j'aurais pu tout simplement lui dire « pardon ? Je n'ai pas entendu», mais il aurait fallu être sûr que je puisse comprendre au deuxième coup. Sinon il est déjà arrivé que la caissière s'énerve et que tous les yeux de la file se braquent sur moi.

Mon appareil auditif à l'oreille gauche ne me servait plus à rien, mon audiogramme était aussi plat que les abîmes. L'oreille droite n'était guère mieux, mais il y avait encore un peu de vie malgré les acouphènes toujours aussi présents depuis ma petite enfance. C'était dur à vivre, j'avais de plus en plus d'idées noires, bien sûr beaucoup de gens vivent très bien dans le silence total ou partiel. Mais pour moi c'était inenvisageable. Ce qui me tenait à cœur, c'était de pouvoir entendre mon fils dire ces premiers mots, entendre les oiseaux et tous les bruits que la nature nous donne, avoir des conversations qui dure des heures.

Deux solutions s'offraient à moi, la première c'était de m'y résigner et d'enfermer mon esprit dans une cage de silence et la deuxième c'était l'implant cochléaire. L'implant me faisait peur, petite j'avais vu un garçon qui en portait un, c'était gros et très voyant. Moi qui voulais être discrète c'était mal parti, puis avoir un appareil implanté dans le crâne n'était pas vraiment rassurant.

J'ai de suite voulu en parler à ma meilleure amie, on s'était un peu éloignée a cause de nos différente obligations mais c'était important pour moi d'avoir son avis.

— Sonia, j'ai besoin de ton avis. Comme tu sais, je ne supporte plus cette baisse d'audition et un jour ou l'autre mon oreille droite finira aussi plate que la gauche. Je me tâte de plus en

plus à me faire poser un implant cochléaire.
— Vraiment ? Franchement je ne te conseille pas du tout. J'ai lu des choses sur internet et ce n'est vraiment pas bon.
— Ah oui ? Tu as lu quoi ?
— Tu sais qu'on va t'ouvrir le crâne pour te mettre un objet électrique ?
— Ce n'est pas vraiment dans le crâne
— Oui, mais ça reste électrique, et si t'as un coup de jus ? J'ai lu que ça pouvait endommager le cerveau et faire perdre de l'intelligence. Attention Mélissa ce n'est pas des bêtises ! Et ce n'est même pas sûr que ça fonctionne. On dit que la qualité du son est bof et que c'est plutôt un son robotique !

— Un son même robotique ça pourrait peut-être être mieux que plus du tout de son...
— Mais y a pas que ça ! On dit que ça provoque des méningites, il y a même eu des personnes décédées. Sur le Net il y a plein de témoignages, des personnes contre et même des pétitions !
— Sur le Net, il y a beaucoup de choses fausses aussi, je pense qu'un médecin pourrait me dire si c'est vrai...
— Ça m'étonnerait qu'un médecin te dise tout... Franchement en plus c'est connecté, n'importe qui pourrait entendre ce que tu dis. Ça ne m'étonnerait même pas qu'ils se servent de ça pour espionner.
— Tu exagères un peu la, c'est une aide auditif, je suis sûre qu'il y a plein

d'autres personnes a qui ça les a aidés !
— Tu fais ce que tu veux Mélissa, moi je t'ai dit mon avis. Mais si tu le fais ne passe plus me voir, je ne veux pas être espionné !

C'est le cœur gros que je suis partie de chez elle, avec plus de doutes encore. C'était facile pour elle, elle avait tous ses sens, rien ne lui handicapait la vie. Par contre moi c'était devenu vraiment difficile, que des conversations dans un calme absolu, une concentration maximale pour éviter de trop faire répéter. Plus le temps passait et plus je perdais en audition, je savais qu'un jour ou l'autre je serais complètement sourde si je ne faisais rien. Heureusement j'avais le soutien de mes parents, grâce à eux j'ai eu la force de prendre ce premier rendez-vous.

Nouvelle vie

C'était avec beaucoup de questionnements, d'angoisses, de craintes, mais aussi d'espoir que j'attendais dans la salle d'attente mon nom, ma mère à mes côtés. Heureusement qu'elle était là, sans elle je serais davantage coupée du monde des entendants. Elle a toujours été présente pour mes rendez-vous, elle s'est toujours décarcassée malgré ces faibles revenus. C'était elle qui s'occupait de tout ce qui était téléphonique, vu que j'étais incapable de le faire. C'était ma petite secrétaire comme j'aimais l'appeler.

— Madame Costa.

— C'est toi. me dit ma mère en se levant.

— Bonjour.

— Bonjour, je me présente je suis le chirurgien Leblanc, je suis là pour répondre à toutes vos questions et vous expliquer en quoi consiste l'implant cochléaire. D'abord parlons un peu de vous, je vois que sur votre dernier audiogramme vous êtes sourde profonde appareillée des deux oreilles.

— C'est ça
— D'accord, pourquoi vous vous tournez vers l'implant cochléaire aujourd'hui ?
— Et bien, parce que mes appareils auditifs ne me suffisent plus, j'ai énormément de mal à entendre comme avant. Ma surdité ne fait que baisser. Et je pense que l'implant cochléaire pourrait peut-être améliorer ma qualité de vie.
— Savez-vous d'où provient votre surdité ?

— Non, je n'ai jamais su exactement. Je sais que mes otites à répétition m'ont fragilisée
— Vous vous aidez de la lecture labiale ?
— Oui ça m'aide énormément, mais ça ne suffit pas.
— Vous souhaitez faire les deux oreilles ?
— Pour commencer, j'aimerais faire l'oreille gauche, c'est de celle-ci que je n'entends plus.
— Vous vous êtes renseignée un peu sur le fonctionnement de l'implant cochléaire ?
— Un petit peu oui, sur internet, j'avoue qu'il y a des choses qui me font peur.
— Je comprends et c'est normal. Il vaut mieux voir un professionnel pour avoir des réponses fiables.

Il sortit une figurine taille réelle de l'oreille et un processeur.

— D'abord l'implant cochléaire se compose en deux parties. Une partie interne et une partie externe, la partie interne est insérée sous la peau derrière l'oreille. Et la partie externe est un processeur vocal relié par une antenne aimantée. C'est la partie aimantée qui fera le lien avec la partie interne. Contrairement aux appareils auditifs, ce dispositif stimule directement la cochlée à l'aide d'électrodes implantées.

— D'accord et comment la partie interne est-elle installée ?

— C'est une intervention chirurgicale, on pratique une petite incision derrière l'oreille, on perce un petit trou dans la fenêtre ronde de la cochlée pour insérer le porte-électrode. C'est une

opération qui dure approximativement deux heures.
— Y a-t-il des risques pour cette opération ?
— Il y a un risque de paralysie du visage, car le nerf facial passe tout près. Mais c'est tout de même un risque extrêmement faible et rare. Ensuite comme toute intervention chirurgicale il y a certains risques d'infection ou hémorragie. La convalescence pour cette opération dure entre quatre et six semaines. Ensuite nous procéderons à l'activation et la programmation de l'implant.
— D'accord
— Mais avant tout, il y aura des examens à faire pour voir votre comptabilité. C'est le bilan pré-implant qui

consiste en un examen ORL, un audiogramme avec des PEA (potentiels évoqués auditifs), un examen complet de l'équilibre, un scanner et IRM. Ainsi qu'un entretien psychologique. Une fois tous ces éléments en notre possession, nous pourrons faire une réunion avec toute l'équipe et nous déciderons si oui ou non nous pourrons vous opérer.
— Très bien
— Avez-vous des questions ?
— Oui j'aimerais savoir si le son était de la même qualité que les appareils auditifs ?
— Il faudra quelque temps de rééducation pour pouvoir avoir un son de qualité.

Quand je suis sortie du bureau, j'étais prête à me lancer, convaincue au fond de moi que ça allait me changer la vie. Même si quelque part j'avais quelques craintes, j'étais prête à prendre le risque et de toute façon je n'avais plus rien à perdre.

Pendant les prochaines semaines, je faisais des aller-retour à l'hôpital pour effectuer tous ces différents examens. Et une fois les résultats obtenus, j'ai appris que je n'avais aucun souci, pas de malformation. Juste que les cellules ciliées se sont prématurément dégradées. Cela pouvait venir des nombreuses otites et du stress. Finalement j'étais apte à effectuer l'opération, je n'avais plus qu'à prendre mon mal en patience et attendre cette fameuse date.

Quelque temps après je recevais cette lettre de l'hôpital qui me l'annonçait. L'opération était programmée pour le mercredi 18 mai.

Trois longs mois d'attente, mais je sentais que cet isolement sonore allait prendre fin.

Le jour tant attendu était enfin arrivé, je me trouvais devant la porte d'entrée de l'hôpital, j'ai pris une grande inspiration et je suis rentrée. J'ai été très bien accueillie, on m'a emmenée dans ma chambre pour me préparer. Je devais prendre une douche avec le savon désinfectant, des infirmières bienveillantes sont venues me raser la partie gauche derrière mon oreille. Mon angoisse commençait à revenir, mais c'était sans compter la visite d'une dame déjà implantée qui m'a parlé de son vécu.
— Bonjour Mélissa, j'espère que tu vas bien ? Je suis Monique je possède des implants cochléaires, et je suis venue te parler un petit peu.

— Bonjour, Madame, un peu angoissée, mais ça va.
— C'est normal, quand j'ai eu ma première opération je n'étais pas tranquille. Mais tout s'est très bien passé, et depuis je revis. Grâce à l'implant, je peux maintenant écouter de la musique et j'apprends même une deuxième langue. Pourtant ma courbe d'audition était au plus bas, et les aides auditives ne fonctionnaient plus pour moi.
— Wouah ! Alors ça c'est vraiment super, j'aimerais beaucoup apprendre une nouvelle langue, mais c'est vraiment difficile de bien entendre le son exact pour le reproduire.
— Ça fait longtemps que vous êtes implantée ?
— Ça va faire bientôt douze ans, oui !

— Ah oui, quand même. Et pour l'implant interne, vous n'avez jamais eu de souci ?

— Non aucun souci, il n'est jamais tombé en panne.

— Ah c'est rassurant, c'est un petit peu ma crainte.

— Tu peux te rassurer, moi c'était un implant d'il y a douze ans et il est toujours aussi efficace. Aujourd'hui, l'implant interne s'est même davantage perfectionné.

— J'espère bien

— Mélissa je te souhaite bon courage pour la suite, et ne t'inquiète pas, tout va bien se passer. me dit-elle d'un grand sourire.

Elle avait l'air si à l'aise, je n'aurais pas cru qu'elle avait des problèmes de surdité si elle ne me l'avait pas dit. Cette dame m'a apporté un peu de force juste avant l'opération et cela m'a fait beaucoup de bien. J'avais l'espoir regonflé à bloc. Peu de temps après, c'était l'heure, me voilà déjà allongé sur la table d'opération. Je repensais aux gens qui était contre et leurs raisons, mais aussi à tous ceux pour qui cela avait changé leur vie. J'étais aussi stressée, car c'était pour moi la première fois que je serais sous anesthésie générale. Le chirurgien me rassura une dernière fois avant que je pose mes appareils auditifs. Et après quelques secondes sous le masque de l'anesthésiste je me suis endormie sans m'en rendre compte.

Quelques heures après je me suis réveillée avec un énorme bandage autour de la tête et un mal de tête, mais rien d'insurmontable. J'ai pu sortir le lendemain de mon arrivée, après un contrôle de la plaie par le chirurgien. Finalement je trouve que ça a été très rapide, désormais mon prochain rendez-vous était dans dix jours pour le retrait des points de suture. Sur le chemin du retour, ça me faisait une drôle de sensation, d'abord parce que j'avais ce bandage et aussi parce que maintenant je ne porterais plus mon appareil auditif à l'oreille gauche. Il ne m'apportait déjà plus rien, mais j'avais gardé l'habitude de le porter. Depuis petite mes appareils auditifs faisaient partie ma vie, sans eux j'étais coupée du monde et les voilà maintenant devenus obsolètes.

Pendant ces dix jours précédant le prochain rendez-vous, j'avais des douleurs à la tête, comme des pulsions, des acouphènes aussi, mais ça ne changeait pas vraiment de l'habitude par contre j'avais perdu le goût. C'était assez perturbant, le chocolat par exemple c'était comme si je mangeais une pâte sans goût, comme du carton. Je ne prenais aucun plaisir à manger, bien heureusement le chirurgien m'a assurée que c'était temporaire. Lors de ce rendez-vous, j'ai pu voir la taille de ma cicatrice, c'était tout de même assez impressionnant, en passant délicatement ma main je pouvais sentir cette petite bosse. Le plus important c'était que je cicatrisais bien, et aucune complication. Il me fallait attendre encore quelques semaines, pour que je puisse passer à la prochaine étape, l'activation de mon processeur. Je l'avais choisi avant l'opération, il était bien plus gros que mon appareil auditif, mais c'était une concession à faire. Je ne pouvais plus souhaiter le plus petit appareil, ce n'était plus compatible pour moi. Par contre l'avantage de ce processeur est qu'il fonctionnait aussi avec des batteries qu'on pouvait charger. Et ça c'était vraiment top, fini les petites piles un peu partout, ou la «panne» d'appareil quand je ne pouvais pas m'acheter un paquet de piles. J'avais une petite télécommande qui me permettait de baisser le son ou de l'augmenter, je pouvais aussi le mettre sur boucle magnétique, mais je n'ai jamais eu trop l'occasion de l'utiliser.

Le jour de l'activation j'étais tout autant stressée que le jour de l'opération, mais celui-ci était plutôt un bon stress. J'avais tellement hâte que je ne tenais plus en place. Ce rendez-vous était assez long, il a fallu que la régleuse définisse chaque électrode. Pour cela, je devais choisir le son le plus doux pour moi, ni trop fort ni trop faible. Une fois que chaque électrode avait le bon ton, la régleuse a pu allumer mon processeur. C'était assez déstabilisant, le son n'était pas du tout naturel comme mon appareil auditif, mais ça j'étais prévenue. Il faudra du temps et de la rééducation pour un son de qualité. Sachant ça je n'étais pas du tout déçue, bien au contraire j'entendais des sons que je n'identifiais pas, la voix était comme dans les dessins animés, un peu robotique. J'avais l'impression que chaque son était une note de xylophone, par exemple une voiture qui passe ce n'était pas un vroum, mais des notes en rythme faites par un xylophone. C'était assez drôle, je me croyais dans un de ces vieux dessins animés des années 80. Mais ce n'est pas resté ainsi longtemps, dès mon second rendez-vous un mois après avec la régleuse le son était déjà bien plus naturel. Pour cela, il fallait être assidu et porter le possesseur un maximum. Chose que je faisais tellement ma motivation était au plus haut.

Ce fut long, fatigant et parfois douloureux, le processeur étant puissant l'activation au réveil n'était pas chose facile. C'était comme si on démarrait à zéro kilomètre-heure pour passer de suite à 160 kilomètres-heure. Les acouphènes étaient plus faibles, mais toujours présents, et parfois des maux de tête en fin de journée. L'implant cochléaire force à entendre et faut que le cerveau et le reste suivent après. Le soir c'était tout de même un plaisir quand je le retirais, c'est comme si ma tête me disait « ouf, je peux me mettre un peu en repos» en contrepartie je pouvais réentendre les chants des oiseaux, le vent qui effleurait les feuilles des arbres et surtout je pouvais être plus à l'aise pour discuter, je faisais moins répéter. Les environnements bruyants restaient toutefois encore difficiles, mais j'arrivais un peu mieux à suivre une conversation avec trois-quatre personnes dans un environnement calme. Étant donné que je n'ai fait qu'un seul côté, je ne pouvais toutefois pas situer le lieu d'un bruit.

Mon audiogramme était bien meilleur, je n'avais pas récupéré une audition comme une entendante, mais c'était bien mieux que ce que j'avais avant.

Je ne pouvais toujours pas me servir d'un téléphone, mais le processeur me permettait d'être plus en confiance. J'ai pu également redécouvrir la musique, avant je pouvais l'écouter mais je ne pouvais pas tout percevoir. Avec l'implant j'ai pu l'apprécier d'avantage et prendre plaisir a l'écouter.

L'implant m'a sauvé la vie, il m'a redonné de la joie et de l'espoir, l'espoir d'avoir une vie meilleure. Je n'ai aucun regret d'avoir sauté le pas même si j'ai perdu ma meilleure amie. Avec du recul, je me dis que j'aurais dû faire cette opération bien avant.

L'été suivant, je retournai au Portugal en vacances. Cela faisait une éternité que je n'y étais pas allée. Là-bas, je rencontrai celui qui deviendrait mon âme sœur. Depuis la naissance de mon fils, je n'avais rencontré personne. Je craignais de revivre une relation aussi mauvaise. Mais avec lui, ce fut complètement différent. Jamais il ne me fit la moindre petite réflexion sur mon handicap, il prit toujours le temps de tout répéter, sans aucun soupir. Il accepta mon fils comme le sien, et surtout, il avait la même mentalité que moi, les mêmes rêves et les mêmes valeurs. Nous pûmes commencer des projets qui nous tenait à cœur. Nous voulions faire une ferme pédagogique, en étant le plus autonome possible. Je voulais quelque chose qui me permettrait d'être au plus proche de la nature, car c'est avec elle que je me suis toujours sentie la plus épanouie.

Nous avons pris des moutons et des chèvres pour faire une production de lait pour la fabrique des fromages portugais et de laine. Un potager sur la base de la permaculture, des légumes conservés avec du sel pour faire des stocks l'hiver. Un verger de pommes, poires, prunes et mirabelles, que nous transformons chaque année en délicieuses confitures. Nous avons fait également un poulailler pour profiter de leurs œufs délicats. Elles sont en compagnie de leurs amis les oies, les canes et les canards. Nous avons également un four à pain, le pain cuit au feu de bois est un délice pour les papilles et l'odorat.

Je ne pouvais pas avoir un terrain sans fleurs, il fallait des fleurs, des aromates et des plantes médicinale. Je voulais que ça sente aussi bon que dans mes souvenirs d'enfance au Portugal. Parfois, je m'installe dans le potager pour profiter de cette magnifique vue, et seule devant la lavande, je fais de la vannerie sauvage. Je tresse des brins de lavande, de blé. Je repense à mes souvenirs, mes peines, mes tristesses, mais aussi à mes moments de joie.

Les soirs d'été, je réunis ma famille, mes parents, mes frères et sœurs, mon mari et mes enfants autour de la table du jardin, dans cet endroit si bucolique pour partager ces fabuleuses victuailles que la ferme nous offre. Quand je vois cette table entourée de joie, de rire et d'amour, je me dis que j'ai tout pour être heureuse. Enfin, je me sens bien.

Fin

Page Facebook : Tu es sourde ou quoi ?
Mail : orbelinerego@gmail.com
Instagram : orbelinerego